Punto a pun

Une los puntos en orden para descubrir el animal
dormilón sentado encima de un tronco.

6

• 10

8
7   9
•5   •11

12

•4

14

•2   •3   13

1   15

¿Qué sigue?

Dibuja en cada recuadro la imagen que corresponde para completar la serie.

Serpiente

Colorea y recorta esta serpiente para colgarla en tu habitación. Hazla tan colorida como quieras.

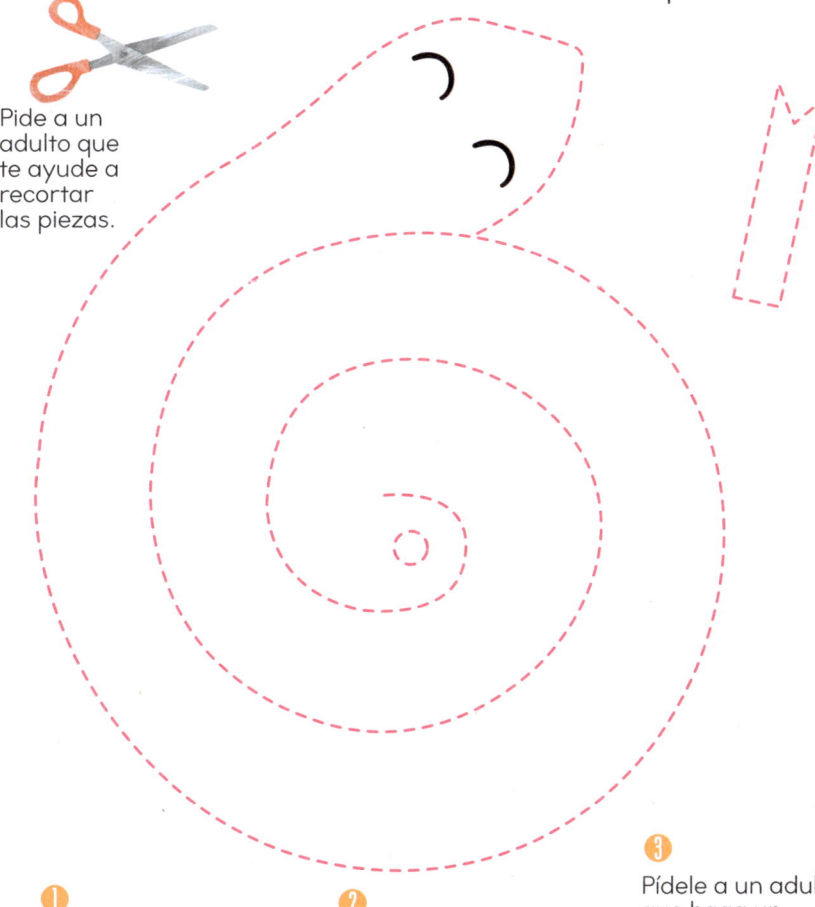

Pide a un adulto que te ayude a recortar las piezas.

1 Colorea la serpiente. Recorta siguiendo los puntos rosas.

2 Recorta la lengua y pégala debajo de la cabeza de la serpiente.

3 Pídele a un adulto que haga un agujero en la cola de la serpiente. Ata una cuerda a través del agujero y cuelga la serpiente del techo.

Veo animales

Hay diez animales escondidos en el bosque.
Rodéalos con un círculo cuando los encuentres.

Mamás y bebés

Traza las líneas de puntos para unir
a las mamás con sus bebés.
Luego coloréalos.

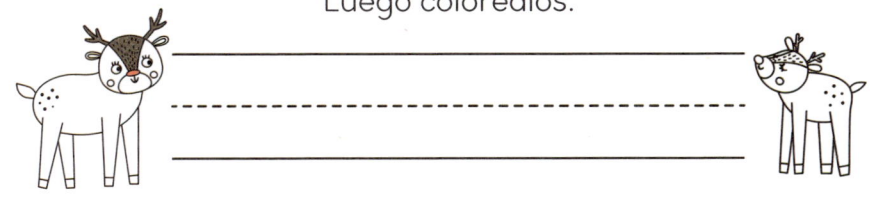

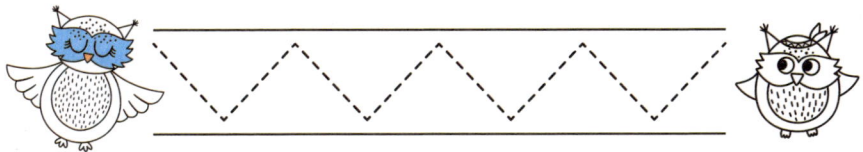

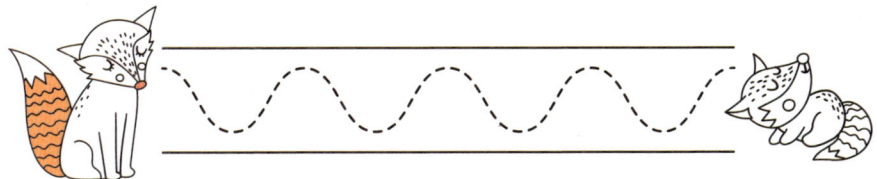

Encuentra la bellota

Sigue el camino que lleva
a la ardilla hasta la bellota.

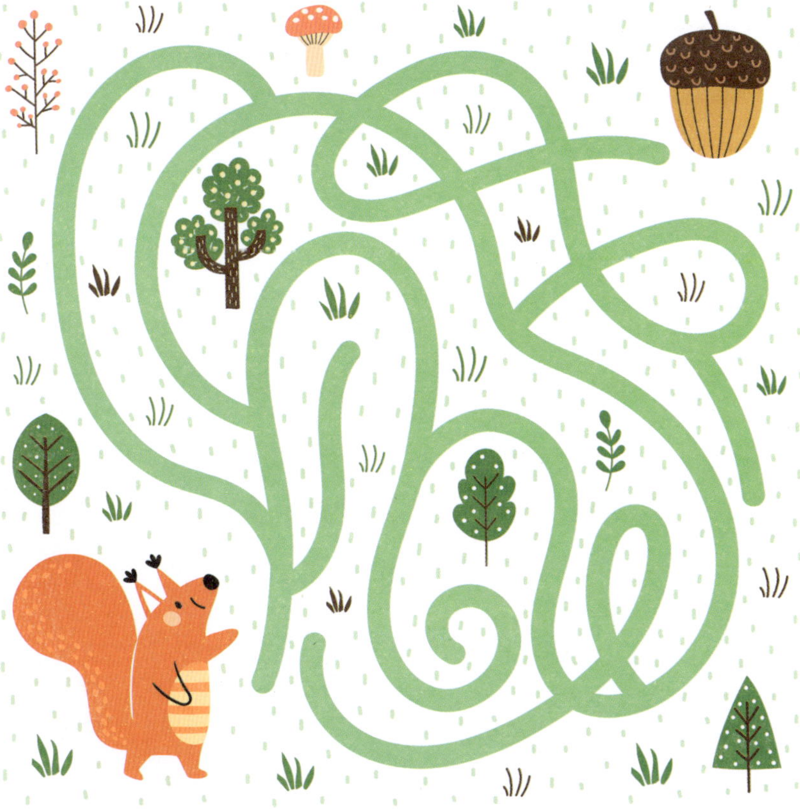

Traza la palabra:

bosque

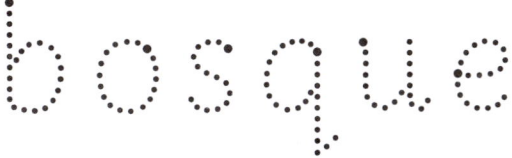

Un erizo muy abrigado

Colorea al feliz erizo.

Une las huellas

Traza una línea que una cada animal
con su huella.

Salto al iceberg

Ayuda al oso polar a llegar a su casa
eligiendo el camino que suma 10.

Cocodrilo diferente

Estos cocodrilos están en parejas, excepto uno.
Traza un círculo alrededor del único que es diferente.

Encuentra las diferencias

¿Puedes encontrar seis diferencias?
Rodéalas con un círculo cuando las encuentres.

Colorea la selva

Colorea la imagen siguiendo el código de colores.

1	**2**	**3**	**4**	**5**
Naranja	Amarillo	Verde	Azul	Marrón

Dibuja el caracol

Mirando de uno en uno los cuadrados, copia el caracol de la cuadrícula superior en la cuadrícula inferior. Luego, coloréalo.

Madriguera de conejo

Traza un círculo en la pieza que falta
para completar el rompecabezas.

A

B

C

Pelícanos a la caza

Traza un círculo alrededor del pelícano que tiene más peces. ¿Puedes contar cuántos hay en total? Escribe la respuesta en el recuadro.

Punto a punto

Une los puntos en orden para completar este animal marino.

¿Qué viene después?

Dibuja en cada recuadro la imagen que corresponde para completar la serie.

Encuentra la sombra

¡Une con líneas a estos animales
con sus respectivas sombras!

Encuentra los peces

Hay ocho peces nadando alrededor del barco naufragado.
Rodéalos con un círculo cuando los encuentres.

Traza las serpientes

Utiliza un lápiz para trazar las líneas de puntos de cada serpiente.

Laberinto

¡Ayuda a la ratita a encontrar el queso!

En el fondo del mar

Colorea la tortuga, los peces y el coral en esta
escena marina. ¡Qué no se te olviden las burbujas!

Confusión de animales

Traza una línea para unir las dos partes
de cada animal.

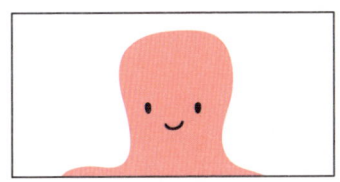 

 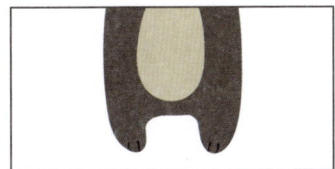

Equilibrio

Cuenta y anota en el recuadro de debajo cuántas pelotas tiene cada animal.

¿Cuántas pelotas hay en total?

uno es diferente

Encuentra el único animal que es diferente a los demás.

Ratón de circo

¿Puedes encontrar seis diferencias?
Cuando las encuentres, rodéalas con un círculo.

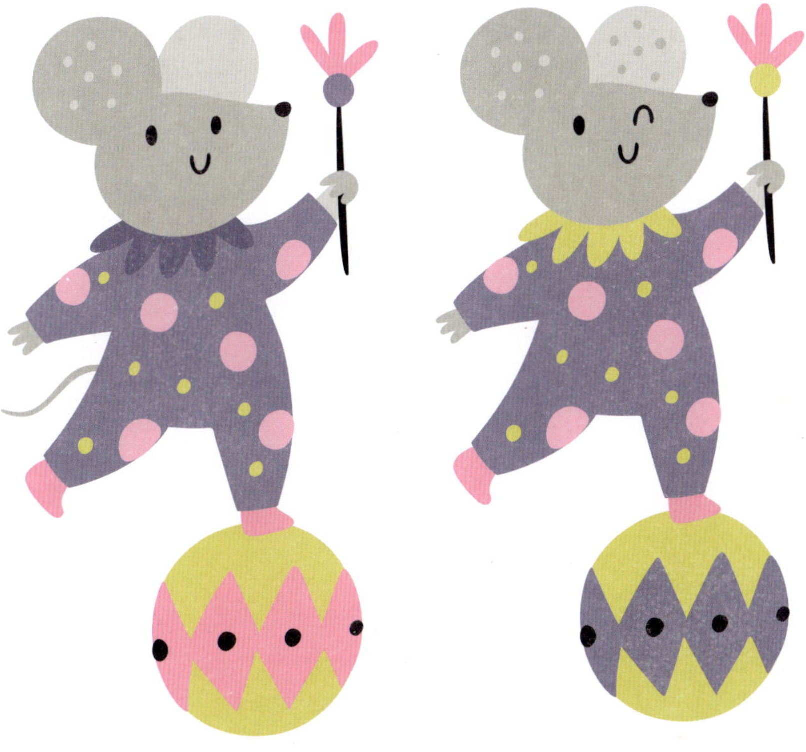

Traza la palabra:

ratón

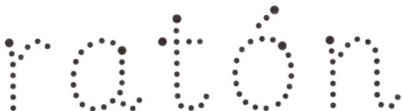

Colorea por número

Colorea esta escena siguiendo el código
de colores.

1 **2** **3** **4** **5**
Azul   Amarillo   Naranja   Verde   Marrón

Amigos

Traza las líneas de puntos
y luego colorea el animal oculto.

En la copa del árbol

Rodea con un círculo la pieza que falta
para completar la imagen.

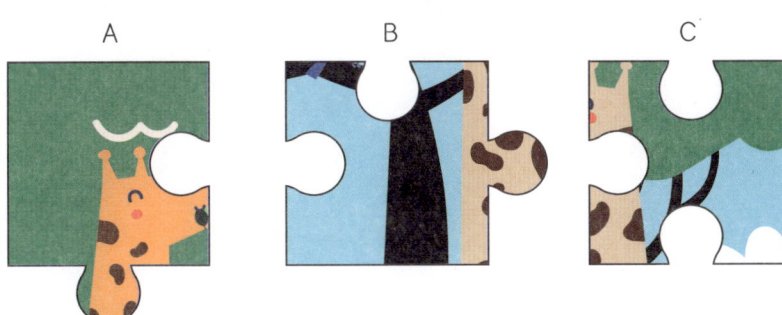

A   B   C

Mariquitas con lunares

Rodea con un círculo la mariquita que más puntos tiene.

Punto a punto

Une los puntos por orden para completar este animal y luego coloréalo. Pista: ¡sus plumas son rosas!

Patitos perdidos

Ayuda a los patitos a encontrar
el camino a casa.